ちはやぶるう

嵯峨根鈴子句集

青磁社

目次

第一章　ちはやぶるう　5
第二章　鳴かせてみたい　51
第三章　其処暗くなる　97
第四章　ふたつの性　136
あとがき　184

句集　ちはやぶるう

第一章　ちはやぶるぅ

じゅんさいに箸の逃げたる俄雨

不発弾あるらし枇杷の鈴生りに

打ち水はさびしききはみたどりけり

兵を乗せ自転の地球西日落つ

たましひにつけ入るところ素麺流し

継ぎ継ぎ死んでゆくえごの花こぼれつぎ

ちはやぶるう

コーラがぶ飲み片影の脱走兵

亜米利加を飼ふと言ひ張る鎌輪奴か

熟れ切つて失意の底のパイナップル
正解はないモリアオガエル孵る

ちはやぶるう

てつぱうゆりアングロサクソンの血が交じり
液晶の画面を水素爆弾がゆく

しらたまのやうな弟くぼみあり

噴水の一瞬止まる底値かな

手を洗ふ夜のプラタナス手を洗ふ

ウクライナドコカニドアガアツタハズ

蟭《しょう》螟《めい》や橋壊したり造ったり

寝返れば背中につづく夜光虫

ラムネ飲んで百パーセント母になる

サボテンの花の一輪ありのとわたり

懸垂のぷいとやめたる早かな
蝶番はたりとこれは秋のこゑ

デモの靴しづかに揃ふ霞網

切れ切れのシュプレヒコール秋じめり

いてふちるちはやぶるうのやまひかな
かまきりに殺して矯めて指のはら

底紅にひとひの暮色はじまれり

麺液の匂ふさびしい満月だ

戦争の現在形に石榴裂け

雁《がん》瘡《がさ》を一巡りして罪と罰

赤とんぼ神の罠かと訝しむ

黒葡萄かくまふためのことばだらう

テンタカシ老若男女トリアージ
苦うるか女ざかりを引き割かれ

梅擬触れなばしづくすることば
ぽと浮いて鳰に顔立ちありにけり

にほどりのみづうみのくにみゆきばれ
海鼠腸や男ざかりを引き抜かれ

満月を詰めて来たりしマッチ箱

空つぽのプールの底ひ小鳥来る

白菜に花の記憶はないやうだ
メビウスの輪のどこやらから着膨れ

てぶくろを出て一線を越えゆく手
汚れてはならぬ兎よてのひらよ

うはのそら千年経つたら鯨かな

恋は苦く死は甘やかに枯野のジャズ

花柄に母おはしますす福沸

倒れたる独楽いつまでも蜜を垂れ

人日の地面の撓みどですかでん
またの世は八百屋お七で人参で

抽象のなまこの顔は点描で

狐かもしれぬ向田邦子のレシピ

嘔吐にも似てやさし鮟鱇の仰臥

ひろびろとつかふ夜空や六の花

煮凝の溶けだしさうな記憶かな

万華鏡の底を流るる春の水

龍天に登るや濃厚接触者

掘《ふ》串《くし》もち両性具有若菜摘む

こときれてゐたりし小鳥ヒヤシンス

薔薇芽ぐむ一部始終を早送り

種紙にもれなくついてお母さん

猫の背へ猫もどりけり目借時

焼却炉の口あいてをり春の雪

ダヴィンチの手がメスを執る蜃気楼

手のひらに亀鳴かせけり悪食我ら

うぐひすのこゑ手間取つてカフスボタン

金糸雀に分厚き舌やライラック

引鶴の真下撤退すと見せて

きつね面外せばマスク外せば立夏

イイ月ダ水ナメラカニシテサルスベリ

食べるたび枇杷の恥ぢらふビワの種

ひまはりの相対死にといふべきか

身に添うて闇やはらかき単衣帯

水掻きのふんはり開く菱の花

むかうにも海月の沈む地下のバー
幽体離脱もどりて一気に氷水

団扇にて軽く打たるる本気かな

網戸から見てゐる昼の殺風景

箱庭のぢつとしてゐるてろりすと

コーラ瓶つかんで夕立の若返る

夏みかん傷つけあつて絆とは
さびしさはこれか蜥蜴の瑠璃の縞

沢蟹の水乏しきを這ひ出でぬ

ひまはりは並んで月にうなだれて

たらちねの母のねむりに小判草

身罷りてなほ手花火の地を愛す

第二章　鳴かせてみたい

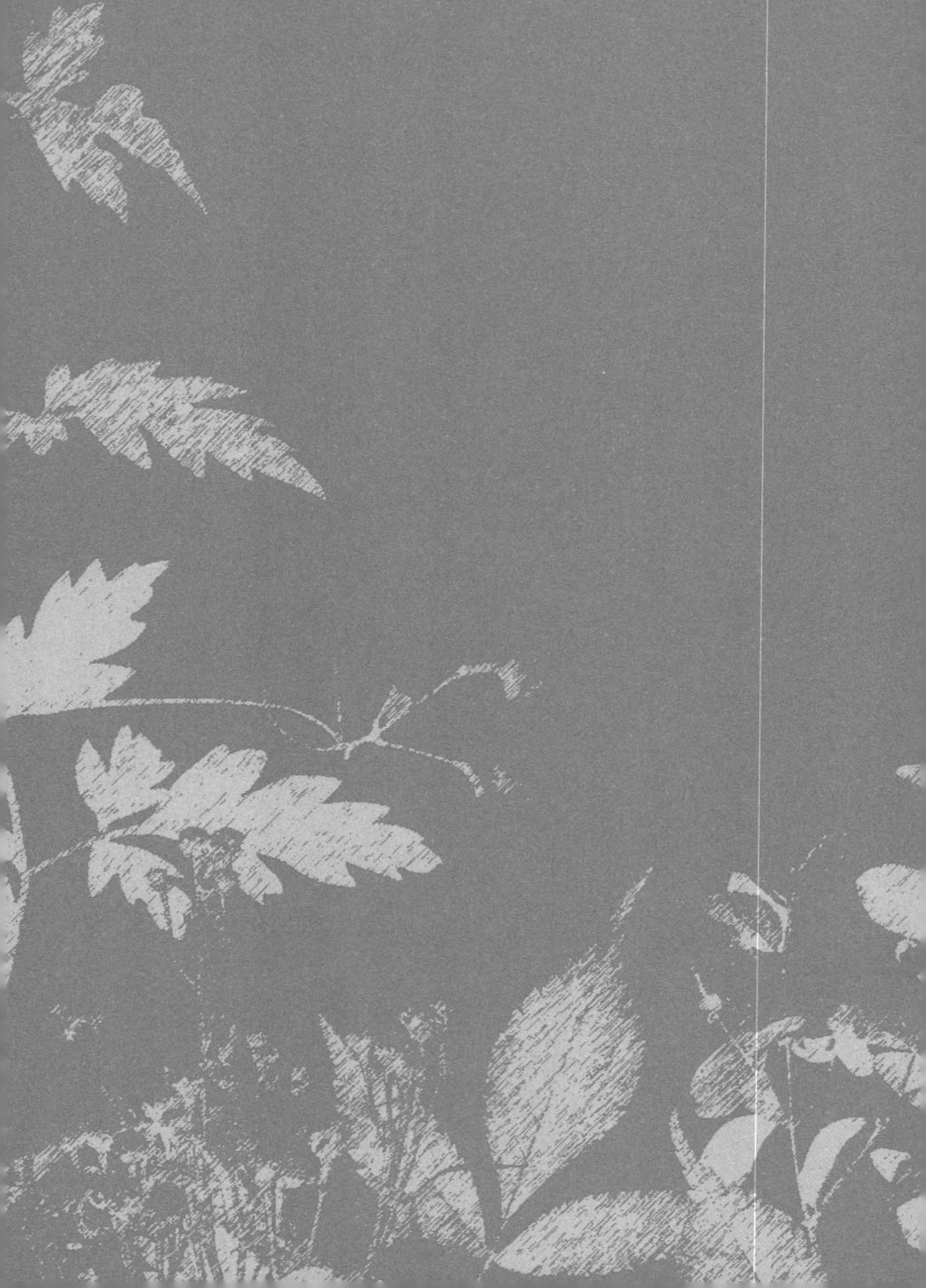

椿の実ごろんと背中たよんなき

きよお！青鮫暗黒炎天の墓碑関東平野
みな置き去り

庭に青鮫を集めるあるる不在

ひとつづつコトバを捥いで烏瓜

不機嫌なマッチ擦りたる盂蘭盆会

じしゆくとは別の出会ひのゐのこづち

原爆忌見渡すかぎりマネキン
新盆のビン缶ペットボトルかな

あさがほの白ひといろや雨きざす

無頼派に月光仮面死後の月

断層のずれゆく世紀彼岸花

指先のみどりに染まる今年米

恋慕渇仰キツツキが止まらない
ホッチキスのあれを虫てふ鳴かせてみたい

木犀の香や月さびて水さびて

鶏頭のごんごだうだんたるだんまり

冬瓜の中のつめたき息を聴く

無花果の熟し過ぎたる噂かな

くちびるに淋しきまでのぬくめ酒

横抱きの枕は花野駆け巡る

未発表の私をめがけ石榴の実

熟柿どうしやうもなきあどれなりん

鶴を折るはしから暮れてきたりけり

神様も兵士もゐない廊下の月

蓮池の枯れを尽くしてあたたかき

生醤油の一滴爆ぜる榾あかり

冬紅葉小さき火種が石の中

狐火にぴつたりの尾を選びけり

牡蛎啜るうは唇を呼び戻し
煮凝の舌がまさぐる秘仏かな

結び目がてふてふなんてクリスマス

みな枯れて中州の石の円かなり

スポンジの泡立ち上がる小つごもり

湯豆腐やひとよひとよの人身御供

ふたりして棘抜き探す去年今年

初夢に切り抜いたばかりの落し穴

鳩尾に暮色のたまる富正月

はなびらもち牛蒡が実話めいてきし

たびらこを離さぬ大地みれんかな

噛み損ねた海鼠なんだか大砂塵

切干やなんにもいへず世にまぎれ

次の手といふ手ではなく懐手

悴むやいぬいちじくもじんるいも
めんどりのひぐれのめらんこりいかな

大寒のかあんと消火器が倒れ

息白くカコトタタカフ膝頭

洗濯機の渦に吸はるる春の月

おたまじやくし火星に寄り道しただけの

つつがなくコトバ老いゆく揚雲雀

ひこばゆるヒトデナシから人で無し

その影をささへむと立つ春の塔

上流はしぐれてをらむしじみ汁

春障子尿意まわたのごとく湧き

糸切歯あるてふ古き女雛かな

かたまつて嫁菜のさわぐ暗がり峠

あはゆきやうち重なりて屋根に屋根

独活小屋のしげしげと独活立つて居る

ぽつときてあとざあざあの牡丹の芽

父母に別の余白の冴え返る

出席に棒線二本シクラメン

同性のやうな夫や桜冷え

つばくらや出窓に模型の母並べ

九十九髪ちらと目を遣る春の奥

山笑ひだしさうなところに羊

白藤にやや不可解な吾が隣る
点滴の鶯音を入るころとなり

須磨明石ところによつて胡瓜もみ

夜光虫なみなみ注ぐ無我の愛

じじと点くネオンサインや梅雨の月

眠らせぬ月下美人の雌蕊かな

無駄死にが必然として在る若葉

尺蠖の一戦交へるつもりかな

きつとある噴水のとどまるところ
ひるがほの肩紐ずれてをりにけり

人々は家へと帰る虫取撫子

先生が玄関に立つ花ざくろ

あふち降る螺旋階段見上げる角度

えりあしにあんにゅいのいろかたつむり

絵の中の会話は弾む夏邸

蟬穴のそばのしづかな危機管理

先の世に別当実盛送りけり

短夜の火を産む陰のひんやりと

にふだうぐも虚に至るまで白線引く

アスファルトに蟬転がれり爆心地

大阪の拗ねて甘えて夕立かな

香港の文字化けしたるクサカゲロウ

第三章　其処暗くなる

むらさきのゆつくりぬける実むらさき

秋立つと思ひし昼の肘枕

きつつきの嘘はほんたうさびしいぞ

くろかみのあちち港の彼岸花

ひねくれた胡瓜の馬や曳く手があまた

迎火に目途がついたる浪漫かな

薄もみぢ堰は急がず水湛へ

接岸の船に灯の入る雁渡し

あさがほに世界は少しづつ縮む

刈田道バイク寝てをり明日を寝てをり

澄む水や湖底に別の帝位あり

揺れもせで簾名残の夜風かな

おのおのの部屋に戻りて夜の長し

かの胸を切り込んでゆけ秋燕

ほうせんくわ妻を視てゐる橋本夢道

つきしろの猫がころだす嫗かな

珊瑚樹の赤き実満たす独占欲

秋刀魚焼くとなりの詩人を誰も知らない

鮎落ちてみづかげろふに灼かれけり

まんじゆさげ無言の母の金切声

龍一匹淵に潜める身のタブー

ぎんなんの夜をつらぬけり不眠症

塔の上にまた塔が伸び秋風裡

ちぐはぐに町はゆらいで芋の露

蜩や死にたい人に生きたい人に

水涸るる都市計画のペンキがミドリ

しだり尾の襖二枚を使ひ切り

ひとり立てば其処暗くなる牡丹鍋

鯉の餌のきつくにほへる帰り花

マネキンの片腕重し白鳥来

肉球に爪沈みこむ聖夜かな

底無しに紙をかぶせて去年今年

わたくしを完結せむと独楽は回る

望郷の色がべつとり寒の雨

身に鎧ふ一言もなし寒卵

風花や青空映す水たまり

牡蛎船の障子開け閉め外れさう

寒晴や仇の如くガム嚙んで

ふきのたう真水をぐらきあふみかな

余命満喫ラベンダーの春ショール

逆上りできずブランコ月に漕ぐ

肉声の飛び出す卒業写真かな

チューリップ嗤ふシェルターめく我が家

ゴミ屋敷春宵ふかく灯しをり

印南野は沼をはらみて明易し

沢蟹の乾びて褌外れけり

グレゴリオ聖歌天台聲明蟬時雨

殺られたる母跨ぎゆく水鉄砲

梅雨晴間竜のもやうの墨をする

噴水は胸張つて落つ徒手空拳

透明なエレベーターごと梅雨に入る

ギヤマンに耳をすませば死が隣

蟬時雨笑はぬ石を選ぶ仕事

菖蒲湯の闇やはらかに窓の雨

炎天の小さき音を持ち帰る

とかげ出て道とどまれる自切の尾

風鈴のささくれ立ちて歌舞伎町

くたばつてしめへの忌日みづからくり

枇杷の尻きれいに並ぶ薄暑かな

三点を結ぶ一点蠅がをる

鮎の骨抜くに文法手古摺つて

水茄子の帰心の色を食すなり

ゴーヤ炒る音が雨音追ひ回し

開くたび慌てて点る冷蔵庫

熱帯夜誰もふみゆくそれを踏む
ないはずの心臓とくん夜の海月

牛蛙鳴くたび臍が深うなつた

手花火や生まれきれずに終はつたとさ

いちにちのをはりのしづく蛇いちご

第四章　ふたつの性

序に代へて蛇衣を脱ぐシーンから

昼寝覚たらひ回しのミライ哉

だありあと少し凄んで名告りけり

毒の無い男だトマト二齧り

みこころのまにまにきざす茄子の花

空つぽの浮巣に戻る回転扉

夏鶯ふたつの性を跨いでしまふ

心臓のかゆきところに花ざくろ

そこんとこ超合金の蜥蜴の尾

香水や雨のネオンをもみ洗ひ

金魚玉直下液状化現象

くひしばる穀象にある親不知

ラムネ瓶とはのすみかのラムネ玉

ででむしや箱にしんなりふたつの性

暇つぶしの脳の断面図に守宮

油絵具全色滝を搾り出す

仏桑華あんぐりかうもんくわつやくきん

箱庭に酒池肉林を据ゑにけり

充血した地球に添うて蚊柱が立つ

夕立かの都の柱立たせけり

ぞろぞろと胡瓜の馬を降りる一団

鳥兜泣きながが原を石積んで

触れると傷む桃と知りつつふれあひぬ

刃を入るるいつしゆん桃の総毛立つ

いれものがないたましひをつるしおく

それならば定家葛にしてやらう

而して律に子規忌の月上がる

螻蛄鳴けばときどき謳ふ柱かな

コスモスに気の遠くなるほどの嘘

からすうり引けばこひしき土星の環

稲妻や足袋のこはぜのゆるびなく

月蝕の水たつぷりと身の細胞

騙されたふりしてあげるねこじゃらし

せいいっぱい見栄は張るべし実むらさき

こよひこそ蚯蚓鳴かせてあげるから

傷口が時雨呼ぶらし一葉忌

歩行者天国うらもおもても悴めり

狼の遺志か敗れた傘の骨か

極月の水のあかりと火のあかり

掘炬燵安井浩司でひきかへす

くりすます人と生まれて影を得て
パルメザンチーズ聖夜をすりおろす

襖絵の水ほとばしる釘隠し

鯨抱かな等身大のたまのをの

新宿は常に狐火のうらがは

猥談のしわくちやのまま凝鮒

福寿草父子で聖書売りに来て
人の日の靴ベラしやべるはしやべるは

喉越しのあをあをとして寒造

小津安二郎逝き白足袋のこはぜほど

水仙や寄つてたかつて神の愛

眠る斧いつも具象とは限らない

シリウスや一人を入れて閉ぢる花

永末恵子花ひひらぎは言葉を慎む

まつろはぬ我も歪や煮凝れり

すつぽりと手袋に入る妻といふ手

ひらくたび白紙にもどる永末恵子

水仙を剪るこの手がさうかも知れぬ

首を斬る消音画面黄沙降る

闘鶏や一気に開くジャンプ傘

庭下駄片方かはうそうをを祭るかな

切株の渦となるまで冴返る

ヒヤシンス語尾の滲んでゐるやうな
性別を問はれてをりぬ春の鬼

まづ死刑そのあと藥を剪る鋏

春雪の積もるつもりのぱらぱら漫画

濡れた手を拭くものがない三鬼の忌

霾ぐもり橋懸りから彼岸まで

ワクチンやおろかにも全円の春

杉田玄白つつつと差し出すきつねのてぶくろ

落椿ゼウスはことば詰まらせて

ばらばらに手足は泳ぐ春の亀

やっつぱ攝津だわ！腐草螢となりてはも

永遠と一日のあはひ朴の花

鬼食うてむかし中りし青簾

仏法僧部分的にはメスである

にこにこと蚕豆は謝るところ

六根の欲断ちて咲く竜舌蘭

流し素麺セットが組まれ高浜家

夜盗派を名告る鉄砲百合の白

滑覧とりのこされし駅の昼

父の夢にたちあふ母の色眼鏡

恙無き死を迎へたり日向水

世に濯ぐ腸抜かれたる魂涼し

あとはみなグルだつたのか忍冬

駅を出てなにものにもなれぬ片かげり

酸つぱくて猫の唖へてきし晩夏

月見草をんなが唾を吐きゆけり

山蟻にやつとのことで日暮かな

かかとからくるりとむけて夏の月

今生のノンとひとこゑなめくぢり

あとがき

『ちはやぶるう』は『コンと鳴く』『ファウルボール』『ラストシーン』に続く第四句集になります。

近年、私たちは未知の感染症コロナによる世界規模のパンデミックに右往左往させられました。ロシアのウクライナ侵攻、イスラエルとパレスチナの歴史的攻防など未だに解決の兆は見えていません。自然災害にも叩かれ続けている地球は危ういバランスを維持してゆけるのだろうか。

私的には母の死や、夫と私自身の度重なる病など現実を受け入れるまでにはかなりの時間を要しました。いざという時、なんの役にも立たない俳句はちょっと横に措いておいてというスタンスでの生活をしているつもりでしたが、理不尽な現実に対する憤怒の矛先をどこへ向けるべきか分らぬまま、ハイクを書き付けておりました。どんなに払っても怒りのコトバは頭の片隅に食い込んできて離れることはありませんでした。ところが、句集のための選句をしていて、自句が今の私に寄り添い、私は私自身の俳句によって癒されていることに気づきました。

今思い返すと、私は作句することとそのことによって充分に生かされていたのではないかと思えるのです。

作品の配列は編年体を採らず「らん」「豆の木」「需艮」「豈（攝津幸彦記念賞応募句）」「ジャムセッション」「サンチャゴに雨が降る」などへの発表作品から改めて選句いたしました。尚、十九年間お世話になった同人誌「らん」は二〇二三年百号を以てめでたく終刊となりました。改めて鳴戸奈菜さんはじめ「らん」の仲間たちに深謝いたします。

この度は青磁社の永田淳氏、装幀家の濱崎実幸氏には素敵なアイデアをいただきましたことを記してお礼を申し上げます。

二〇二四年八月

嵯峨根　鈴子

著者略歴

嵯峨根　鈴子（さがね　すずこ）

一九四九年　岡山県生まれ
一九九八年　俳句を始める「火星」入会
二〇〇四年　「火星」退会
二〇〇五年　同人誌「らん」同人
二〇〇六年　『コンと鳴く』出版
二〇〇七年　現代俳句協会会員
二〇一一年　『ファウルボール』出版
二〇一六年　『ラストシーン』出版
二〇一七年　「豆の木」参加　現在継続参加
二〇二三年　「らん」百号記念号で終刊

現住所　神戸市垂水区西舞子七‐一六‐四‐六〇六（〒六五五‐〇〇四八）

句集　ちはやぶるぅ

初版発行日　二〇二四年十月十一日
著　者　嵯峨根鈴子
定　価　二五〇〇円
発行者　永田　淳
発行所　青磁社
京都市北区上賀茂豊田町四〇－一（〒六〇三－八〇四五）
電話　〇七五－七〇五－二八三八
振替　〇〇九四〇－二－一二四二二四
http://seijisya.com
装　幀　濱崎実幸
印刷・製本　創栄図書印刷

ISBN978-4-86198-606-2 C0092 ¥2500E